中华人民共和国
反食品浪费法

（2021 年 4 月 29 日第十三届全国人民代表大会
常务委员会第二十八次会议通过）

人民出版社

图书在版编目（CIP）数据

中华人民共和国反食品浪费法. —北京：人民出版社，2021.5
ISBN 978 - 7 - 01 - 023405 - 2

Ⅰ.①中　Ⅱ.　Ⅲ.①粮食-节约-法律-中国　Ⅳ.①D922.16

中国版本图书馆 CIP 数据核字（2021）第 082481 号

中华人民共和国反食品浪费法

ZHONGHUARENMINGONGHEGUO FAN SHIPIN LANGFEI FA

人民出版社 出版发行

（100706　北京市东城区隆福寺街99号）

北京新华印刷有限公司印刷　新华书店经销

2021 年 5 月第 1 版　2021 年 5 月北京第 1 次印刷
开本：850 毫米×1168 毫米 1/32　印张：0.5
字数：7 千字

ISBN 978 - 7 - 01 - 023405 - 2　定价：5.00 元

邮购地址　100706　北京市东城区隆福寺街 99 号
人民东方图书销售中心　电话（010）65250042　65289539

目　　录

目 录

中华人民共和国主席令

第七十八号

《中华人民共和国反食品浪费法》已由中华人民共和国第十三届全国人民代表大会常务委员会第二十八次会议于 2021 年 4 月 29 日通过,现予公布,自公布之日起施行。

中华人民共和国主席　习近平

2021 年 4 月 29 日

中华人民共和国反食品浪费法

(2021 年 4 月 29 日第十三届全国人民代表大会
常务委员会第二十八次会议通过)

第一条 为了防止食品浪费,保障国家粮食安全,弘扬中华民族传统美德,践行社会主义核心价值观,节约资源,保护环境,促进经济社会可持续发展,根据宪法,制定本法。

第二条 本法所称食品,是指《中华人民共和国食品安全法》规定的食品,包括各种供人食用或者饮用的食物。

本法所称食品浪费,是指对可安全食用或者饮用的食品未能按照其功能目的合理利用,包括废弃、因不合理利用导致食品数量减少或者质量下降等。

第三条 国家厉行节约,反对浪费。

国家坚持多措并举、精准施策、科学管理、社会共治的原则,采取技术上可行、经济上合理的措施防止和减少食品浪费。

国家倡导文明、健康、节约资源、保护环境的消费方式,提倡简约适度、绿色低碳的生活方式。

第四条 各级人民政府应当加强对反食品浪费工作的领导,确定反食品浪费目标任务,建立健全反食品浪费工作机制,组织对食品浪费情况进行监测、调查、分析和评估,加强监督管理,推进反食品浪费工作。

县级以上地方人民政府应当每年向社会公布反食品浪费情况,提出加强反食品浪费措施,持续推动全社会反食品浪费。

第五条 国务院发展改革部门应当加强对全国反食品浪费工作的组织协调;会同国务院有关部门每年分析评估食品浪费情况,整体部署反食品浪费工作,提出相关工作措施和意见,由各有关部门落实。

国务院商务主管部门应当加强对餐饮行业的管理,建立健全行业标准、服务规范;会同国务院市场监督管理部门等建立餐饮行业反食品浪费制度规范,采取措施鼓励餐饮服务经营者提供分餐服务、向社会公开其反食品浪费情况。

3

国务院市场监督管理部门应当加强对食品生产经营者反食品浪费情况的监督,督促食品生产经营者落实反食品浪费措施。

国家粮食和物资储备部门应当加强粮食仓储流通过程中的节粮减损管理,会同国务院有关部门组织实施粮食储存、运输、加工标准。

国务院有关部门依照本法和国务院规定的职责,采取措施开展反食品浪费工作。

第六条 机关、人民团体、国有企业事业单位应当按照国家有关规定,细化完善公务接待、会议、培训等公务活动用餐规范,加强管理,带头厉行节约,反对浪费。

公务活动需要安排用餐的,应当根据实际情况,节俭安排用餐数量、形式,不得超过规定的标准。

第七条 餐饮服务经营者应当采取下列措施,防止食品浪费:

(一)建立健全食品采购、储存、加工管理制度,加强服务人员职业培训,将珍惜粮食、反对浪费纳入培训内容;

(二)主动对消费者进行防止食品浪费提示提醒,在醒目位置张贴或者摆放反食品浪费标识,或者由服

4

务人员提示说明,引导消费者按需适量点餐;

(三)提升餐饮供给质量,按照标准规范制作食品,合理确定数量、分量,提供小份餐等不同规格选择;

(四)提供团体用餐服务的,应当将防止食品浪费理念纳入菜单设计,按照用餐人数合理配置菜品、主食;

(五)提供自助餐服务的,应当主动告知消费规则和防止食品浪费要求,提供不同规格餐具,提醒消费者适量取餐。

餐饮服务经营者不得诱导、误导消费者超量点餐。

餐饮服务经营者可以通过在菜单上标注食品分量、规格、建议消费人数等方式充实菜单信息,为消费者提供点餐提示,根据消费者需要提供公勺公筷和打包服务。

餐饮服务经营者可以对参与"光盘行动"的消费者给予奖励;也可以对造成明显浪费的消费者收取处理厨余垃圾的相应费用,收费标准应当明示。

餐饮服务经营者可以运用信息化手段分析用餐需求,通过建设中央厨房、配送中心等措施,对食品采购、运输、储存、加工等进行科学管理。

第八条 设有食堂的单位应当建立健全食堂用餐管理制度,制定、实施防止食品浪费措施,加强宣传教育,增强反食品浪费意识。

单位食堂应当加强食品采购、储存、加工动态管理,根据用餐人数采购、做餐、配餐,提高原材料利用率和烹饪水平,按照健康、经济、规范的原则提供饮食,注重饮食平衡。

单位食堂应当改进供餐方式,在醒目位置张贴或者摆放反食品浪费标识,引导用餐人员适量点餐、取餐;对有浪费行为的,应当及时予以提醒、纠正。

第九条 学校应当对用餐人员数量、结构进行监测、分析和评估,加强学校食堂餐饮服务管理;选择校外供餐单位的,应当建立健全引进和退出机制,择优选择。

学校食堂、校外供餐单位应当加强精细化管理,按需供餐,改进供餐方式,科学营养配餐,丰富不同规格配餐和口味选择,定期听取用餐人员意见,保证菜品、主食质量。

第十条 餐饮外卖平台应当以显著方式提示消费者适量点餐。餐饮服务经营者通过餐饮外卖平台提供服务的,应当在平台页面上向消费者提供食品分量、规格或者建议消费人数等信息。

第十一条 旅游经营者应当引导旅游者文明、健康用餐。旅行社及导游应当合理安排团队用餐,提醒旅游者适量点餐、取餐。有关行业应当将旅游经营者反食品浪费工作情况纳入相关质量标准等级评定指标。

第十二条　超市、商场等食品经营者应当对其经营的食品加强日常检查,对临近保质期的食品分类管理,作特别标示或者集中陈列出售。

第十三条　各级人民政府及其有关部门应当采取措施,反对铺张浪费,鼓励和推动文明、节俭举办活动,形成浪费可耻、节约为荣的氛围。

婚丧嫁娶、朋友和家庭聚会、商务活动等需要用餐的,组织者、参加者应当适度备餐、点餐,文明、健康用餐。

第十四条　个人应当树立文明、健康、理性、绿色的消费理念,外出就餐时根据个人健康状况、饮食习惯和用餐需求合理点餐、取餐。

家庭及成员在家庭生活中,应当培养形成科学健康、物尽其用、防止浪费的良好习惯,按照日常生活实际需要采购、储存和制作食品。

第十五条　国家完善粮食和其他食用农产品的生产、储存、运输、加工标准,推广使用新技术、新工艺、新设备,引导适度加工和综合利用,降低损耗。

食品生产经营者应当采取措施,改善食品储存、运输、加工条件,防止食品变质,降低储存、运输中的损耗;提高食品加工利用率,避免过度加工和过量使用原材料。

第十六条 制定和修改有关国家标准、行业标准和地方标准,应当将防止食品浪费作为重要考虑因素,在保证食品安全的前提下,最大程度防止浪费。

食品保质期应当科学合理设置,显著标注,容易辨识。

第十七条 各级人民政府及其有关部门应当建立反食品浪费监督检查机制,对发现的食品浪费问题及时督促整改。

食品生产经营者在食品生产经营过程中严重浪费食品的,县级以上地方人民政府市场监督管理、商务等部门可以对其法定代表人或者主要负责人进行约谈。被约谈的食品生产经营者应当立即整改。

第十八条 机关事务管理部门会同有关部门建立机关食堂反食品浪费工作成效评估和通报制度,将反食品浪费纳入公共机构节约能源资源考核和节约型机关创建活动内容。

第十九条 食品、餐饮行业协会等应当加强行业自律,依法制定、实施反食品浪费等相关团体标准和行业自律规范,宣传、普及防止食品浪费知识,推广先进典型,引导会员自觉开展反食品浪费活动,对有浪费行为的会员采取必要的自律措施。

食品、餐饮行业协会等应当开展食品浪费监测,加强分析评估,每年向社会公布有关反食品浪费情况及监测评估结果,为国家机关制定法律、法规、政策、标准和开展有关问题研究提供支持,接受社会监督。

消费者协会和其他消费者组织应当对消费者加强饮食消费教育,引导形成自觉抵制浪费的消费习惯。

第二十条 机关、人民团体、社会组织、企业事业单位和基层群众性自治组织应当将厉行节约、反对浪费作为群众性精神文明创建活动内容,纳入相关创建测评体系和各地市民公约、村规民约、行业规范等,加强反食品浪费宣传教育和科学普及,推动开展"光盘行动",倡导文明、健康、科学的饮食文化,增强公众反食品浪费意识。

县级以上人民政府及其有关部门应当持续组织开展反食品浪费宣传教育,并将反食品浪费作为全国粮食安全宣传周的重要内容。

第二十一条 教育行政部门应当指导、督促学校加强反食品浪费教育和管理。

学校应当按照规定开展国情教育,将厉行节约、反对浪费纳入教育教学内容,通过学习实践、体验劳动等形式,开展反食品浪费专题教育活动,培养学生形成勤俭节约、珍惜粮食的习惯。

学校应当建立防止食品浪费的监督检查机制,制定、实施相应的奖惩措施。

第二十二条 新闻媒体应当开展反食品浪费法律、法规以及相关标准和知识的公益宣传,报道先进典型,曝光浪费现象,引导公众树立正确饮食消费观念,对食品浪费行为进行舆论监督。有关反食品浪费的宣传报道应当真实、公正。

禁止制作、发布、传播宣扬量大多吃、暴饮暴食等浪费食品的节目或者音视频信息。

网络音视频服务提供者发现用户有违反前款规定行为的,应当立即停止传输相关信息;情节严重的,应当停止提供信息服务。

第二十三条 县级以上地方人民政府民政、市场监督管理部门等建立捐赠需求对接机制,引导食品生产经营者等在保证食品安全的前提下向有关社会组织、福利机构、救助机构等组织或者个人捐赠食品。有关组织根据需要,及时接收、分发食品。

国家鼓励社会力量参与食品捐赠活动。网络信息服务提供者可以搭建平台,为食品捐赠等提供服务。

第二十四条 产生厨余垃圾的单位、家庭和个人应当依法履行厨余垃圾源头减量义务。

第二十五条 国家组织开展营养状况监测、营养知识普及,引导公民形成科学的饮食习惯,减少不健康饮食引起的疾病风险。

第二十六条 县级以上人民政府应当采取措施,对防止食品浪费的科学研究、技术开发等活动予以支持。

政府采购有关商品和服务,应当有利于防止食品浪费。

国家实行有利于防止食品浪费的税收政策。

第二十七条 任何单位和个人发现食品生产经营者等有食品浪费行为的,有权向有关部门和机关举报。接到举报的部门和机关应当及时依法处理。

第二十八条 违反本法规定,餐饮服务经营者未主动对消费者进行防止食品浪费提示提醒的,由县级以上地方人民政府市场监督管理部门或者县级以上地方人民政府指定的部门责令改正,给予警告。

违反本法规定,餐饮服务经营者诱导、误导消费者超量点餐造成明显浪费的,由县级以上地方人民政府市场监督管理部门或者县级以上地方人民政府指定的部门责令改正,给予警告;拒不改正的,处一千元以上一万元以下罚款。

违反本法规定,食品生产经营者在食品生产经营过程中造成严重食品浪费的,由县级以上地方人民政府市场监督管理部门或者县级以上地方人民政府指定的部门责令改正,拒不改正的,处五千元以上五万元以下罚款。

第二十九条 违反本法规定,设有食堂的单位未制定或者未实施防止食品浪费措施的,由县级以上地方人民政府指定的部门责令改正,给予警告。

第三十条 违反本法规定,广播电台、电视台、网络音视频服务提供者制作、发布、传播宣扬量大多吃、暴饮暴食等浪费食品的节目或者音视频信息的,由广播电视、网信等部门按照各自职责责令改正,给予警告;拒不改正或者情节严重的,处一万元以上十万元以下罚款,并可以责令暂停相关业务、停业整顿,对直接负责的主管人员和其他直接责任人员依法追究法律责任。

第三十一条 省、自治区、直辖市或者设区的市、自治州根据具体情况和实际需要,制定本地方反食品浪费的具体办法。

第三十二条 本法自公布之日起施行。